박열음 글

서강대학교에서 물리학을 공부한 뒤, 연세대학교 공학대학원에서 과학과 인문학의 융합을 공부했습니다. 어린이들에게 흥미롭고 재미있는 과학 이야기를 전해 주기 위해 글을 쓰고 있어요. 지은 책으로 『어린 과학자를 위한 로켓 이야기』, 『어린 과학자를 위한 게임 이야기』, 『어린 과학자를 위한 반도체 이야기』, 『똑똑 융합과학씨, 지구를 알아보아요』가 있습니다.

이진우 그림

홍익대학교 미술대학에서 동양화를 전공했고, 2004년 일본 국제원화전에서 장려상을 받았습니다. 빅 데이터와 인공 지능 시대에도 어린이들을 위한 그림을 계속 그리고 싶어요. 그린 책으로는 『알버트 아인슈타인』, 『어린이 가야사』, 『역사 왔수다』 시리즈, 『물고기 소년 과학자 되다』 등이 있습니다.

우리 곁에 **데이빅터**가 있어!

호기심 톡 스토리과학은 생활 속 가까이에 있는 과학을 흥미진진한 이야기에 담아 보여 줍니다.
이 시리즈는 어린이들의 호기심과 상상력을 키워 주고 과학 지식을 발견하는 재미를 느끼게 해 줍니다.

호기심 톡 스토리과학 - 빅 데이터
우리 곁에~ 빅 데이터가~ 있어!

1판 1쇄 찍은날 2021년 4월 29일
1판 2쇄 펴낸날 2021년 11월 2일

글쓴이 박열음 | 그린이 이진우 | 펴낸이 정종호 | 펴낸곳 (주)청어람미디어(청어람아이)
편집 박세희 | 마케팅 이주은 | 제작·관리 정수진 | 인쇄·제본 (주)에스제이피앤비
등록 1998년 12월 8일 제22-1469호
주소 03908 서울 마포구 월드컵북로 375(상암동 DMC 이안상암 1단지) 402호
전화 02-3143-4006~8 | 팩스 02-3143-4003

ⓒ박열음, 이진우 2021

ISBN 979-11-5871-170-2 74400
　　　979-11-5871-122-1 (세트)

잘못된 책은 구입하신 서점에서 바꾸어 드립니다.
값은 뒤표지에 있습니다.

품명: 아동도서 | 사용연령: 8세 이상 | 제조국명: 대한민국 | 제조년월: 2021년 11월 | 제조자명: 청어람미디어
주소: 03908 서울 마포구 월드컵북로 375, 402호 | 전화번호: 02-3143-4006
종이에 베이거나 긁히지 않도록 조심하세요. 책 모서리가 날카로우니 던지거나 떨어뜨리지 마세요.
KC마크는 이 제품이 공통안전기준에 적합하였음을 의미합니다.

호기심북 스토리과학

우리 곁에 빅데이터가 있어!

글 **박열음** | 그림 **이진우**

청어람아이

작가의 말

우리 곁에 세상을 바꾸는
빅 데이터가 있어

인공 지능, 딥 러닝, 자율 주행은 컴퓨터가 발달하면서 등장한 새로운 과학 기술들이에요. 이러한 기술들 덕분에 우리가 사는 세상은 빠르게 바뀌고 있답니다. 이 중에는 '빅 데이터'라는 것도 있어요. 빅 데이터는 이름 그대로 아주 많은 양의 자료와 정보를 다루는 기술이에요. 컴퓨터가 발전해 많은 정보를 기억하고 다루면서 발전했지요. 빅 데이터는 생활에 편리함을 제공하는 기술일 뿐만 아니라, 다른 기술을 발전시키는 데 큰 역할을 해요. 인공 지능, 딥 러닝, 자율 주행차는 빅 데이터 없이는 발전하지 못했을 거예요. 알게 모르게 많은 분야에서 빅 데이터의 도움을 받고 있지요.

이미 우리 생활 곳곳에서 사용되고 있지만 빅 데이터가 어떤 분야에서, 어떻게 도움을 주는지 아는 사람은 많지 않아요. 모르는 채 있어도 상관없지 않냐고요? 그렇지 않아요! 빅 데이터는 점점 더 많은 곳에서 쓰이고 있어요. 세상이 빅 데이터로 가득 찼을 때, 빅 데이터에 대해 하나도 모르면 큰일이겠죠?
이 책의 주인공 아라와 인공 지능 로봇 다모아가 생활 속에서 다양하게 쓰이는 빅 데이터에 대해 알려 줄 거예요. '아니, 이런 곳에도 빅 데이터가 쓰이고 있었다고?' 하고 깜짝 놀라지도 몰라요. 빅 데이터는 바로 우리 가까이에 있으니까요!

박열음

차례

1장---빅 데이터와 로봇 친구 다모아---9

--------다모아의 정보를 더 모아 봐 ①---16

2장---인터넷 쇼핑을 해요---17

-다모아의 정보를 더 모아 봐 ②---24

3장---병원에서 진찰을 받아요---25

-----다모아의 정보를 더 모아 봐 ③---30

4장---은행에서 맞춤 통장을 만들어요---31

-----------다모아의 정보를 더 모아 봐 ④---36

5장---동네에 새 건물이 생겼어요---37

--------다모아의 정보를 더 모아 봐 ⑤---42

6장---축구 경기를 구경해요---43

--다모아의 정보를 더 모아 봐 ⑥---48

7장---일기 예보에서 미세 먼지가 온대요---49

--------------다모아의 정보를 더 모아 봐 ⑦---54

8장---안전한 동네를 만들어요---55

----다모아의 정보를 더 모아 봐 ⑧---60

9장---로봇과 빅 데이터가 사람을 대신하게 될까?---61

---------------다모아의 정보를 더 모아 봐 ⑨---66

10장---우리 손에 달린 빅 데이터의 미래---67

1장

빅 데이터와 로봇 친구 다모아

아라는 학교에서 새로운 것을 배우는 재미에 푹 빠졌어요.
마지막 수업은 아라가 가장 좋아하는 '로봇과 생활'
시간이었지요. 오늘은 어떤 내용을 배울까 들뜬 마음으로
선생님을 기다렸답니다.
수업 종이 울리고 선생님이 환한 웃음을 띠며 교실로
들어왔어요.
"자, 인공 지능 로봇을 배우기 전에 오늘은 빅 데이터에 대해
알아볼 거예요."
선생님이 교실 모니터를 향해 리모컨을 누르자 화면에
'빅 데이터'라고 크게 글자가 나타났어요.
"인공 지능 로봇이 사람처럼 말하고 행동하기 위해서는
학습할 데이터가 필요해요. 빠르고 정확하게 원하는
결과물을 내려면 아주 많은 양의 데이터를……."
아라는 선생님 설명을 들으며 다모아를 떠올렸어요.
다모아는 이웃집 할머니와 함께 사는 인공 지능 로봇이에요.

요리와 청소 같은 집안일도 척척 해내고 거동이 불편한 할머니를 대신해 병원, 은행, 우체국 업무를 도와 드리는 믿음직스러운 만능 해결사랍니다. 아라는 할머니 집에 자주 놀러 가다 보니 금세 다모아와도 친해졌어요. 다모아는 로봇 학교에 다녀서 학교는 서로 다르지만, 아라의 가장 친한 친구예요.

어느새 시간이 훌쩍 지나가 수업이 거의 끝나가고 있었어요. 선생님은 반 아이들을 둘러보며 말했어요.

"빅 데이터 기술은 인공 지능 로봇뿐 아니라 일상생활에도 많이 쓰이고 있어요. 빅 데이터가 우리 주변에서 어떻게 쓰이고 있는지 직접 찾아보는 것도 여러분에게 도움이 될 거예요."

아라는 수업이 끝나자마자 새롭게 알게 된 사실을 다모아에게 얼른 말해 주고 싶어 서둘러 교실을 나섰답니다.

띵동띵동띵동—.

아라가 벨을 누르자 다모아가 얼른 문을 열고 나왔어요.

"그렇게 시끄럽게 굴면 이웃들이 화를 낼 거야. 얼른 들어와."

"미안해!"

아라는 다모아에게 사과하고 집 안으로 쏙 들어왔어요.

"나 오늘 학교에서 빅 데이터에 대해 배웠어!"

"빅 데이터? 그게 뭔데?"
아라가 눈을 반짝이며 다모아에게 말했지만, 다모아는 처음 듣는다는 듯 그게 뭐냐며 아라에게 다시 물어봤지요. 그 말을 듣자 아라는 깜짝 놀라서 눈을 동그랗게 뜨고 다모아를 바라봤어요.
"선생님이 사람처럼 생각하는 로봇은 빅 데이터로 만들어졌다고 했어. 그런데 로봇인 네가 모른다니."
"정말이야. 로봇 학교에서 빅 데이터에 대한 건 가르쳐 주지 않았어."
"그렇다고? 어떻게 된 일인지 선생님께 물어봐야겠어."
아라는 핸드폰을 꺼내 선생님에게 3D 통화를 걸었어요. 신호가 얼마 가지 않아 핸드폰 화면이 반짝거리며 선생님 얼굴이 나타났어요.

"선생님! 제 친구 다모아는 로봇이지만 빅 데이터에 대해
안 배운다고 해요!"
아라의 말에 선생님은 침착하게 다모아에게 물어봤답니다.
"다모아는 학교에서 무엇을 배우니?"
"저는 책을 백 권씩 읽기도 하고, 영화 열다섯 편을 동시에
보기도 하고, 신문 기사 천 개를 읽기도 해요."

"그래. 그게 바로 빅 데이터야. 아주 많은 자료를 모아 놓은
것을 빅 데이터라고 해. 빅 데이터는 아주 많은 자료를 모은
뒤, 거기서 의미 있는 내용이나 도움이 되는 부분을 뽑아내는
기술을 말해.
데이터가 그냥 많은 정도가 아니라, 사람이 직접 다 조사할
수 없는 큰 자료를 빅 데이터라고 한단다. 예를 들어 신문
한 부는 빅 데이터가 아니지만, 전 세계 모든 신문을 모아
종류별로 뽑아 놓으면 빅 데이터가 맞아. 인터넷의 모든
블로그 제목을 모은 것, 우리나라 도서관에 있는 모든 책의
내용을 모은 것, 하루 동안 고속도로를 달리는 모든 자동차의
번호판을 모은 것도 빅 데이터야."

"이건 로봇만이 아니라 사람도 할 수 있는 거 아니야?"
"사람은 그런 거 못 해. 로봇이니까 할 수 있는 거야."
"그럼 저 같은 인공 지능 로봇들은 빅 데이터로 학습을

한다는 거죠?"
다모아는 신기해하며 선생님에게 다시 물어봤어요.

"그래. 빅 데이터를 이용하면 다양하고 수많은 내용을 아주 빠르게 배울 수 있어. 예를 들어 청소를 가르치려면 청소하는 방법을 하나하나 알려 주는 대신, 빅 데이터를 이용해 사람이 청소하는 모습을 찍은 영상을 아주 많이 보여주는 거야. 그러면 청소하는 방법을 가르쳐 주지 않아도 스스로 알 수 있어. 어느 곳을 먼저 청소해야 하는지, 어느 곳은 더 꼼꼼히 청소해야 하는지, 청소할 곳에 따라 어떤 도구를 쓰는지 세세한 부분들까지 가르쳐 줄 수 있거든.

사람이 로봇에게 이런 작은 일을 일일이 가르쳐 주려면 힘들 뿐 아니라 시간도 오래 걸려. 그래서 로봇은 사람처럼 공부하는 것보다 빅 데이터를 이용해 배우는 것이 훨씬 빠르고 편해. 이렇게 빅 데이터를 이용해 가르치는 것을 딥 러닝이라고 한단다."

"내가 로봇인데 빅 데이터에 대해 이렇게 몰랐다니."
"선생님, 다음에도 빅 데이터 이야기해 주세요!"
다모아와 아라가 재미있어하자 선생님도 활짝 웃었어요.
"그래, 궁금한 게 생기면 언제든지 물어보렴."

1 다모아의 정보를 더 모아 봐

빅 데이터는 언제부터 사용했을까?

빅 데이터는 컴퓨터와 스마트폰, 무선 인터넷 덕분에 발전했어요. 예전에는 컴퓨터 성능이 지금처럼 좋지 않아 빅 데이터를 이용할 수 없었어요.

빅 데이터는 아주 큰 숫자를 다루고, 아주 많은 자료를 분석하고, 정보를 종류별로 나눠요. 옛날에는 컴퓨터로 이런 작업을 하는 데 몇 년씩 걸렸지요. 오랜 시간 동안 연구해서 결과를 내놓으면, 정보가 이미 낡아서 쓸모없어지곤 했답니다. 그래서 그 당시에는 빅 데이터가 중요하다는 사실은 알았지만, 유용하게 쓸 수가 없었어요. 컴퓨터의 성능이 충분히 좋아지고 나서야 빅 데이터를 사용할 수 있게 되었지요.

데이터가 넘쳐 나는 세상

빅 데이터를 만들려면 먼저 아주 많은 자료가 있어야 해요. 세상 모든 신문 기사를 분석하려면 일단 누군가가 신문 기사를 전부 모아야 하지요. 종이로 된 신문들을 모아 오려서 보관하려면 공간도 많이 필요하고 잃어버리기도 쉬워요. 하지만 이제는 온라인 뉴스가 종이 신문보다 훨씬 많아졌어요. 핸드폰을 들고 다니며 길에서도 책을 읽고 동영상을 볼 수 있고, SNS를 통해 세계 여러 나라 사람들과 온라인으로 이야기할 수 있지요. 이렇게 다양한 자료들을 빅 데이터로 분석하면 우리 생활에 유용하게 쓰인답니다.

2장

인터넷 쇼핑을 해요

아라는 오늘도 다모아 집에 왔어요.
"다모아! 컴퓨터 좀 빌릴게."
아라는 다모아의 컴퓨터로 인터넷 쇼핑몰을 검색하기 시작했어요. 그 모습을 보고 다모아는 아라에게 물었어요.
"여기에는 빅 데이터가 쓰이지 않았을까?"
"맞아. 이것도 빅 데이터야."
"이게 다 빅 데이터로 만들어진 거라고?"
다모아는 컴퓨터 화면을 유심히 들여다봤어요. 아라는 빨간 연필을 검색하고 있었어요.
"그래! 빅 데이터가 빨간 연필이라는 키워드에 맞는 물건들을 찾아 보여 주는 거야. 선생님께 전화해서 자세히 알아볼래?"
다모아가 고개를 끄덕이자 아라는 선생님에게 전화했어요.
"선생님! 인터넷 쇼핑몰에도 빅 데이터가 이용되죠?"
"물론이지. 화면을 잘 보렴."
다모아는 선생님이 말한 대로 화면을 다시 봤어요. 화면에는 빨강 색연필, 손으로 잡는 부분만 빨간색인 보통 연필, 빨강 크레파스 등 여러 가지 물건이 잔뜩 나와 있었어요. 게다가 화면 구석에는 빨간 연필에 어울리는 빨간 필통까지 보였어요.

"옛날 인터넷 쇼핑몰은 내가 검색한 물건만 보였어. 필요한 물건, 가지고 싶은 물건을 하나하나 검색해 찾아야만 물건을 살 수 있었어.
요즘은 물건을 사려고 검색하면 검색한 물건 말고 연관된 다른 물건들도 함께 보여 준단다. 검색한 것과 비슷한 물건을 잔뜩 보여 주거나, 같이 써야 하는 물건들을 찾기 쉽게 도와주지. 과자를 사면 함께 먹을 음료수를 보여 주고, 캐릭터 필통을 사면 귀여운 디자인의 공책을 같이 보여 주는 거야. 그 덕분에 쇼핑하기가 예전보다 훨씬 쉬워졌어.

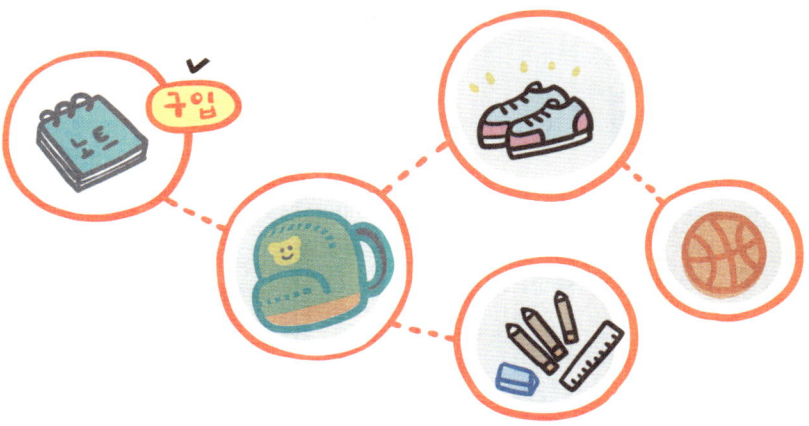

필요한 물건이 차례대로 화면에 나타나니까, 일일이 검색하지 않아도 쉽게 물건을 살 수 있게 되었지."

"그건 빅 데이터로 사람들이 무엇을 사는지 기록해 두었기 때문인가요?"
선생님의 설명을 듣던 아라가 물었어요.

"맞아. 빅 데이터로 사람들의 쇼핑 기록을 분석하게 된 덕분이란다. 예를 들어 과자를 살 때 음료수도 같이 사는 사람이 많을 거야. 또 귀여운 캐릭터 필통을 사면 같은 캐릭터가 그려진 공책을 사는 사람이 많을 거야. 그런 사람들의 쇼핑 기록을 빅 데이터로 분석하면 서로 어울리는 물건이 무엇인지 알 수 있어. 그래서 어울리는 물건들을 한데 묶어서, 그중 하나를 사는 사람한테 다른 물건들도 보여 주는 거지. 덕분에 물건을 사는 사람은 필요한 물건을 좀 더 쉽게 살 수 있게 되고, 물건을 파는 사람은 물건을 더 많이 팔 수 있게 되었단다."

"이거 봐봐, 예쁘지 않아? 당장 사야겠어!"
아라는 선생님 말씀을 들으며 다모아에게 인터넷 쇼핑몰을 보여주다가 특이하게 생긴 머리핀을 보고는 얼른 장바구니 버튼을 눌렀어요. 아라는 특이한 머리핀이나 못생긴 인형을 모으는 취미가 있답니다. 하지만 사서 쌓아 두기만 하니 아라는 엄마에게 매일 잔소리를 들었지요.
"아라야, 아무리 빅 데이터가 추천한 물건이라도, 쓰지도 않을 물건을 사는 건 좋지 않아."
고민도 하지 않고 물건을 사는 아라를 보고 선생님이 말렸어요.
"그런데 조금 전까지 연필 보고 있었잖아? 언제 그런 물건을 찾은 거야?"
다모아는 아라가 산 머리핀보다 아라가 어떻게 머리핀을 검색했는지에 더 관심이 있었어요.
"아! 그건 내가 평소에 이런 걸 많이 사서 그래."
"그런 것도 할 수 있어?"
"물론! 이것도 빅 데이터 덕분이라고."

"그래, 맞아. 빅 데이터는 사람들이 검색한 내용에 맞춰 분석할 뿐 아니라, 물건을 사려는 사람의 취향에 맞는 상품을 보여 줄 수도 있단다. 어떤 손님이 어떤 물건을 좋아하는지 분석해 빅 데이터로 정리해 놓기 때문이지. 손님이 평소에 많이 사는 물건이 무엇인지 기억해 뒀다가, 관련된 물건을 보여 주는 거야. 꼭 필요한 물건뿐 아니라, 그 사람이 좋아할 만한 신상품, 이전에 샀던 물건과 같이 쓰면 좋을 상품들도 보여 준단다. 그 덕분에 인터넷 쇼핑몰은 손님이 아주 많아도

한 명 한 명이 마음에 쏙 들 만한 물건을 보여 줄 수 있어."

"마음에 들 만한 물건을 계속 보여 주니 아라가 인터넷 쇼핑에서 못 빠져나오는 거였구나."
다모아가 고개를 절레절레 흔들며 말하자 선생님은 미소를 지으며 설명을 이어갔어요.

"빅 데이터로 제품을 홍보하는 것은 인터넷 광고에서도 볼 수 있어. 대형 포털 사이트나 SNS 광고 중에는 찾아가는

광고도 많아. 찾아가는 광고란, 어떤 사람이 필요할 것 같은 물건을 광고로 띄워주는 거야. 평소에 많이 가는 사이트, 많이 보는 뉴스, 자주 찾는 검색어를 이용해 그 사람이 무엇을 좋아하고 어떤 유형의 사람인지 알아내기 때문이란다. 그리고 빅 데이터를 이용해 그 사람에게 맞는 광고를 보여 주지. 유튜브에서 장난감을 많이 찾아보는 사람에게는 장난감 광고를 보여주고, 과자를 자주 검색하는 사람에게는 과자 광고를 보여 줘. 인터넷 쇼핑몰까지 가지 않아도 원하는 물건을 쉽게 살 수 있는 거야."

"빅 데이터 덕분에 정말 편리해졌구나."
"그럼! 핸드폰을 몇 번만 누르면 금방 물건을 살 수 있는걸."
아라가 고개를 끄덕이며 다모아 말에 맞장구쳤어요.

2 다모아의 정보를 더 모아 봐

떠먹는 요구르트 뚜껑의 비밀

옛날에는 요구르트를 포장하는 기술이 부족해서 요구르트가 뚜껑에 묻을 수밖에 없었어요. 기술이 발전하면서 뚜껑에 붙지 않는 요구르트를 개발했지요. 하지만 떠먹는 요구르트를 먹는 사람들의 표정과 뇌파를 빅 데이터로 분석해 본 결과, 뚜껑에 묻은 요구르트를 핥아 먹을 때 요구르트를 가장 맛있게 느낀다는 것이 밝혀졌지요. 그래서 몇몇 요구르트 회사는 뚜껑에 묻는 요구르트를 계속 만들기도 해요.

이런 활용을 **뉴로마케팅**이라고 해요. 뉴로마케팅이란 사람의 뇌파나 심장 소리, 시선이 향하는 곳을 컴퓨터로 읽어 내 물건을 사고파는 데 이용하는 것을 말해요. 이 방법을 사용하면 떠먹는 요구르트 뚜껑의 비밀처럼 우리가 스스로 깨닫지 못하는 사실들을 밝혀낼 수 있지요.

예전에는 뉴로마케팅이 빅 데이터와 상관없다고 생각하는 사람도 있었어요. 하지만 빅 데이터를 활용한 덕분에 뉴로마케팅도 전보다 훨씬 정확해졌답니다.

3장

병원에서 진찰을 받아요

"콜록콜록!"
아라는 오늘 학교에서 계속 기침이 나왔어요. 목이 아프고 머리도 지끈거려 공부에 집중할 수 없었지요.
"아라야, 학교 끝나고 병원에 가 보렴. 다모아도 함께 가."
선생님은 걱정스러운 표정으로 아라에게 병원에 꼭 가 보라고 했어요. 학교가 끝나자마자 아라는 다모아와 함께 병원에 갔답니다.

"콜록! 선생님, 저 감기 같아요."
의사 선생님은 체온계로 아라의 체온을 재보고, 청진기를 가져다 댔어요.
"감기일 가능성이 크지만, 독감일 수도 있겠구나. 빅 데이터 검사도 해보자."
그리고 의사 선생님은 아라의 체온과 청진기에서 들리는 소리, 얼굴빛을 컴퓨터에 입력했지요.

"빅 데이터로 병도 알 수 있어요?"
그 모습을 보며 다모아가 의사 선생님에게 물어봤어요.

"그럼. 빅 데이터에 여러 가지 병과 증상을 알려주면, 컴퓨터가 무슨 병인지 알아맞혀 줘. 그 덕분에 훨씬 더 정확하게 병을 진단하고 치료할 수 있단다.
컴퓨터에 사람처럼 의학을 가르치는 건 어려운 일이야. 사람의 몸은 아주 복잡하고 섬세하기 때문이지. 하지만 아주 많은 환자의 기록을 빅 데이터로 저장하면 컴퓨터로 쉽게 관리할 수 있어. 수많은 환자의 얼굴과 체온, 맥박, 피의 성분 등을 모아서 정리해 놓기만 하면 되거든. 그러면 컴퓨터는 빅 데이터를 이용해서 병을 알아낼 수 있어. 비슷한 병에 걸린 사람은 증상도 비슷할 테니까. 희귀한 병에 걸린 사람이라도 정확하게 알 수 있지.
물론 빅 데이터에만 맡길 수는 없어. 의사와 빅 데이터가 힘을 합치면 의사 혼자, 컴퓨터 혼자 하는 것보다 속도도 빠르고 틀릴 걱정도 없지."

의사 선생님이 말하는 사이에 컴퓨터가 아라의 병을 빅 데이터로 분석한 결과가 나왔어요. 의사 선생님은 결과를 읽어 보더니 아라에게 말했어요.
"다행히 독감은 아니구나. 주사는 안 맞아도 되겠어. 옷을

따뜻하게 입고 아이스크림처럼 차가운 음식은 먹으면 안 돼.
약은 밥 먹은 뒤에 꼭 먹어야 한단다."
"네!"
아라는 주사를 맞지 않아도 된다는 말에 큰 소리로
대답했어요. 목이 아픈데도 기뻐서 저절로 큰 소리가
나왔지요.
"요즘 옆 동네에서 독감에 걸려 오는 사람이 많으니까 멀리
갈 때는 마스크를 꼭 쓰고."
"옆 동네에서 독감을 걸려 온다고요? 그건 어떻게 알아요?"
아라가 물어보자 의사 선생님은 컴퓨터 화면에 지도를 띄워
보여줬어요. 지도에는 빨간 점과 화살표가 떠 있었지요.
"여기 화살표 보이니? 화살표가 병이 옮는 길을 나타낸단다."
"와 정말이에요? 세균들의 움직임도 볼 수 있는 건가요?"
옆에 있던 다모아가 깜짝 놀란 표정으로 의사 선생님에게
물어봤어요. 하지만 의사 선생님은 허허 웃으면서 고개를
저었답니다.

"그건 아니란다. 세균은 너무 작아서 현미경으로 봐야
하는데, 바람을 타고 날아다니는 세균을 현미경으로 보는
건 어려운 일이야. 대신 병에 걸리는 사람들을 빅 데이터로
추적하는 거란다. 어느 병원에서 치료를 받았는지, 언제 병에
걸렸고 증상은 어떤지 이런 것들을 말이야. 사소한 정보를

빅 데이터로 모으고, 여러 환자를 비교해 보면 병이 어디서 시작되었는지, 누구에게 잘 옮는지 알 수 있단다.
병에 걸린 사람의 집은 어디인지, 평소에 자주 가는 곳은 어디인지, 직장이나 학교는 어디인지, 친구나 가깝게 지내는 사람들이 누구인지 알면 빅 데이터를 활용하기가 훨씬 쉬워. 빅 데이터를 이용해 그 많은 자료를 분석하면 어떤 사람에게 병이 옮을지 미리 알고 막는 것도 가능해. 그 덕분에 독감같이 쉽게 옮는 병이 널리 퍼지는 것을 막을 수 있단다."

"빅 데이터 덕분에 주사도 안 맞고 독감도 피할 수 있으니 정말 다행이네."
"응! 선생님이 왜 같이 병원에 오라고 했는지 알 것 같아."

3 다모아의 정보를 더 모아 봐

빠르고 정확하게 진단을 내려요

의학 대학교를 졸업하고 의사 면허증을 가진 사람만 의사가 될 수 있지만, 의사가 항상 모든 병을 정확하게 알아맞히고 치료하기는 어려워요. 드물게 실수를 할 때도 있고, 눈에 띄지 않는 아주 작은 변화를 놓치기도 하지요. 의사도 잘 모르는 희귀한 병이라면 잘못 진단하기도 해요.

의사가 병을 잘못 알고 잘못된 치료를 하면 환자의 병이 더 심각해지거나, 약 부작용 때문에 큰일이 날 수도 있어요. 빅 데이터의 도움을 받으면 병을 잘못 진단하는 일을 줄일 수 있지요. 의사가 먼저 진단하고, 빅 데이터로 다시 검사하면 병을 훨씬 더 정확하고 빠르게 찾아낼 수 있답니다.

"아라야, 감기는 다 나았니?"

"응!"

아라는 콧노래를 부르며 다모아 집으로 놀러 왔어요. 평소보다 훨씬 기분이 좋아 보이는 아라 모습에 다모아는 고개를 갸웃거렸어요.

"무슨 좋은 일이라도 있어?"

"오늘 용돈 받았어!"

"벌써 그날이구나."

아라는 매달 1일에 용돈을 받는답니다. 아라는 신이 나서 다모아의 손을 잡아끌었어요.

"가자! 오늘은 내가 쏠게!"

"아껴 써야지."

"괜찮아."

다모아가 걱정스럽게 말했지만, 아라는 들은 체 만 채 뛰어나갔어요. 그런데 아라는 뛰어가다 말고 중간에 멈춰서

핸드폰을 빤히 들여다봤어요.
"무슨 일이야?"
"은행에서 문자가 왔어. 저축해 보라는데?"
"좋은 생각이야. 같이 은행에 가 보자."
"정말 안 해도 괜찮은데……."
다모아는 아라를 데리고 가까운 은행으로 향했어요. 아라는 투덜거리면서도 다모아를 따라갔답니다.
은행에서는 로봇과 사람들이 함께 바쁘게 일하고 있었어요.

"안녕하세요, 고객님. 무엇을 도와드릴까요?"
아라가 은행 창구에 앉자 멋진 양복을 입은 로봇 은행원이 아라에게 물어봤어요.
"저축하라고 문자 메시지가 왔는데, 제가 오늘 용돈 받는 날인 걸 어떻게 알았어요?"
"그건 빅 데이터로 고객님이 언제 돈을 쓰는지 분석했기 때문이랍니다. 고객님은 매달 1일에 돈을 많이 쓰는데, 하루 만에 가진 돈을 다 쓰는 것보다 조금씩 저축하고 아껴 쓰는 편이 좋을 것 같습니다."
"어, 그걸 어떻게 알았어요?"

"빅 데이터를 통해 알 수 있어요. 언제 돈을 가장 많이 쓰는지, 주로 어디에서 돈을 쓰는지 빅 데이터로 분석하면 직접 만나서 이야기하지 않아도 쉽게 알 수 있거든요. 요즘은 물건을 카드나 인터넷 쇼핑으로 사기 때문에, 은행에는 고객님이 어디에서 얼마나 돈을 사용했는지 기록들이 남아 있어요. 은행에 있는 슈퍼컴퓨터가 빅 데이터를 이용해 모든 고객님의 소비를 분석하지요. 분석한 결과를 가지고 어떤 방법으로 저축을 하면 좋을지, 어떻게 하면 돈을 절약할 수 있는지 도와드릴 수 있어요. 고객님에게 알맞은 통장이나 카드, 금융 상품도 추천해 드릴 수 있답니다.

모아라 고객님에게도 빅 데이터로 알아낸 정보로 딱 맞는 통장을 만들어 드릴게요. 이 맞춤 통장으로 고객님은 손쉽게 돈을 관리하고, 필요한 만큼만 돈을 쓸 수 있답니다."

로봇 은행원이 아라에게 차근차근 설명해주자, 아라는 저축하고 싶은 마음이 생겼어요. 빅 데이터로 소비 습관을 분석해서 돈을 관리해준다고 하니 믿음이 갔지요.
"나, 이번 달 용돈의 반은 저축할래!"
"그럼 고객님께 딱 맞춤인 어린이 통장을 만들어 드리겠습니다."
아라가 결심을 내리자 은행원이 금방 아라에게 통장을 만들어 주었어요.
"빅 데이터가 추천한다니까 곧바로 저축하는구나."
"그럼! 빅 데이터는 믿음직스러우니까."

4 다모아의 정보를 더 모아 봐

주식을 사고팔 때도 활용해요

개인의 돈을 관리할 때도 빅 데이터를 사용하지만, 주식에도 빅 데이터는 유용하게 쓰여요. 큰 액수의 돈이 오가는 만큼, 주식 투자자는 빅 데이터를 이용해 조금이라도 돈을 아끼려고 노력하지요. 투자자가 어떤 회사의 주식을 사면, 회사는 그 돈을 이용해 새 공장을 짓거나, 물건을 더 많이 만들어 팔 수 있어요. 그 덕분에 회사가 성장하면 주식이 비싸져서 주식을 비싼 값에 팔 수 있지요. 어떤 회사는 주식을 가진 사람들에게 번 돈을 조금씩 나눠주기도 해요. 주식으로 돈을 벌려면 어떤 회사가 성장할지, 돈을 많이 벌지 미리 알아야 해요. 하지만 어떤 회사가 잘 될지 예측하는 건 정말 어려운 일이에요. 회사가 물건을 얼마나 잘 만드는지, 홍보를 잘하는지, 물건을 만들 재료가 갑자기 비싸지지는 않는지 등 고려할 점이 많기 때문이에요. 예측이 틀리면 오히려 돈을 잃을 수도 있으니 조심해야 하지요.

빅 데이터를 활용하면 사람보다 훨씬 정확하게 예측할 수 있어요. 사람이 놓치기 쉬운 작은 부분까지도 모두 한 번에 분석해 주기 때문이에요. 앞으로 더 성장할 잠재력이 있는 회사는 돈을 쉽게 빌려 더 좋은 물건을 만들 수 있고, 주식을 사는 사람들은 큰돈을 벌 수 있지요.

아라와 다모아는 함께 집 앞을 지나가다가 공사 중인 건물을 보았어요. 며칠 전만 해도 쾅쾅거리는 시끄러운 소리가 계속 들렸는데, 지금은 공사가 거의 끝나 있었어요.
"저 건물은 벌써 공사가 끝났나 봐."
"아니야. 다 끝난 건 아닌 것 같아. 그런데 건물이 특이하게 생겼네."
새로 지어진 건물은 반듯하지 않고 삐뚤빼뚤한 데다 옆 부분이 툭 튀어나오기까지 했어요. 아라와 다모아가 보기에는 정말 이상해 보였답니다.
"들어가 보고 싶어!"
"위험해! 아직 공사가 끝나지 않았잖아. 한번 물어보자."
다모아는 당장 건물로 뛰어 들어가고 싶어 하는 아라를 말렸어요. 그리고 건물의 바깥쪽 벽을 살펴보며 간판을 달고 있는 사람들 쪽으로 다가가 물었어요.
"아저씨! 저희가 궁금한 게 있는데, 여쭤봐도 돼요?"

"뭐라고?"

옆에서 지게차를 운전하던 아저씨가 작동을 멈추고 다모아에게 소리쳤어요. 다모아가 건물을 가리키자, 아저씨는 시동을 끄고 다모아와 아라에게 다가왔어요.

"이 건물은 왜 이렇게 특이하게 생겼어요?"

"그건, 이 모양이 건물을 사용하기 가장 편해서야."

아저씨가 대답하자 아라와 다모아는 잘 이해가 되지 않았어요. 아라와 다모아가 보기에는 이용하기 편해 보이지 않았기 때문이지요. 하지만 아저씨는 그럴 줄 알았다는 듯 크게 웃었답니다.

"하하, 모양이 이상하지? 그렇지만 빅 데이터를 이용해서 아주 잘 만든 건물이야. 건물을 지을 때는 고려해야 할 점들이 아주 많아. 안에 있는 사람들이 쓰기 편해야 하고 주변의 땅 모양과 상태에 알맞아야 하고, 다른 건물과도 어울려야 해. 또 건물이 아주 튼튼해서 거센 바람과 지진에도 흔들리지 않고 견딜 수 있어야 한단다. 이렇게 여러 조건에 맞추는 건 정말 복잡한 일이야. 그래서 예전에는 그냥 네모난 모양의 건물을 지었지.

하지만 빅 데이터를 이용하면 건물을 꼭 네모난 모양으로 만들지 않아도 돼. 건물 용도에 맞는 모양으로 건물 사이사이 바람이 잘 통하면서 튼튼하게 만들면 되지. 빅 데이터가 한꺼번에 수많은 점을 고려해서 가장 좋은 건물의 모양을 찾아내 줘. 이렇게 컴퓨터를 이용해 건물을 설계하고, 빅 데이터로 다른 건물과 비교해보면서 어떤 설계가 가장 좋은지 알아내면 튼튼하고 좋은 건물을 잘 만들 수 있어."

아저씨의 설명을 듣고 나니 아라와 다모아는 조금 전까지 이상하게만 보였던 건물이 멋있게 느껴졌어요.
"건축에도 빅 데이터가 이용된다니 신기해요. 여기 마트가 생기면 좋겠어요! 맨날 놀러 오게."
아라는 건물을 짓는 데 빅 데이터가 사용되었다는 사실에 놀라며 흥분된 목소리로 말했어요. 아저씨는 그런 아라를 보고 허허 웃으며 말했어요.
"이 건물에는 마트도 생기고, 서점이랑 빵집도 생길 거야."
"우아, 그동안 빵집이 너무 멀어서 힘들었어요."
"맞아, 나도 서점 가는 데 시간이 정말 오래 걸렸어."

아라는 빵집이 멀어 고생했던 걸 떠올렸어요. 먼 곳까지 갔다 오느라 매번 다리가 아팠는데 마침 집 근처에 생긴다니 기뻐서 폴짝 뛰고 싶을 정도였지요.

"빅 데이터를 이용해 도시 전체를 분석하면 어느 곳에 어떤 상점이 필요한지 알 수 있어. 얼마나 많은 사람이 오고 가는지, 도로는 얼마나 크고 넓은지, 학교나 병원처럼 꼭 필요한 건물과 얼마나 가까운지를 분석해 건축 계획을 세운단다. 도시 중심지에는 고층 빌딩이 잔뜩 있고, 도시 바깥쪽에는 주택이 많은 것처럼 말이야.
어느 곳에 어떤 건물이 필요한지 정확히 알면 많은 돈과 노력을 아낄 수 있어. 이러한 장점 때문에 전 세계 모든 도시를 빅 데이터로 분석한단다. 각 도시의 공통점을 찾아내고, 불편한 점을 미리 알 수 있지. 그에 맞춰 도시를 만들고 건물을 지으면 살기 좋은 도시를 만들 수 있어."

아라가 고개를 끄덕이며 소리 높여 말했어요.
"빅 데이터 덕분에 우리에게 꼭 필요한 건물이 생긴 거네요!"

5 다모아의 정보를 더 모아 봐

계획을 세워 도시를 만들어요

도시 중에는 오랜 세월 동안 사람들이 모여 살면서 점차 발전해 온 도시도 있지만, 짧은 시간 동안 완성된 도시도 있어요. 이를 **계획도시**라고 해요.

계획도시를 만들려면 사람들이 어떤 길을 좋아하고 많이 다니는지, 어떤 건물을 많이 이용하는지 알아야 해요. 그렇다고 모든 사람을 종일 따라다니며 조사할 수는 없겠지요. 사람들이 많이 들르는 곳, 자주 다니는 길을 빅 데이터로 분석하면 이동 경로를 쉽게 파악할 수 있어요. 이 점을 고려해 도로의 크기와 모양, 필요한 집과 상점을 미리 다 설계한 뒤 도시를 만드는 것이 바로 계획도시예요. 큰돈과 노력이 필요하지만 잘 만들어진 계획도시는 훨씬 살기 좋고 편리하답니다.

창원시와 과천시는 대표적인 계획도시야.

6장

축구 경기를 구경해요

"요즘 아라가 공부를 열심히 하는구나."
아라는 빅 데이터에 대해 열심히 공부한 덕분에 선생님에게 칭찬을 들었어요.
"그렇지만 오늘은 놀 거예요."
"그래, 공부만큼이나 노는 것도 중요하단다. 하지만 놀 때도 배울 점을 생각하면서 놀면 더 좋지 않을까?"
"어휴, 오늘은 공부는 안 할 거라고요!"
선생님이 당부했지만, 아라는 빨리 놀 생각에 학교가 끝나자마자 가방을 들고 뛰어나갔어요.
곧장 집으로 온 아라는 과자를 먹으면서 텔레비전을 마음껏 봤어요. 텔레비전에 집중하느라 다모아에게 전화가 오는 것도 몰랐답니다. 전화를 받지 않자 다모아는 아라 집에 찾아왔어요.

"아라야, 오늘은 빅 데이터 공부 안 할 거니?"

"오늘은 안 할 거야! 선생님도 노는 게 중요하다고 했는걸."
아라가 그렇게 말하자 다모아도 고개를 끄덕이며 아라 옆에 앉았어요. 텔레비전에서는 축구 경기가 한창이었지요. 22명이나 되는 사람들이 복잡하게 경기장을 뛰어다니며 공을 쫓았어요. 중계하는 사람들도 긴박하게 경기 상황을 설명했지요.

"이 두 팀은 막상막하입니다. 어느 쪽이 이긴다고 볼 수 없겠군요! 지금까지 한 번도 싸워본 적 없어서 더욱 결과를 예측할 수 없습니다. 선수들의 실력도 비슷하다고 합니다. 다른 팀들과 경기 결과. 선수들의 연습 시간. 팀과 선수들의 경기력을 모두 모아 빅 데이터로 분석한 결과입니다. 그러니 누가 이길지 끝까지 보고 있어야 하겠네요!"

"여기서도 빅 데이터가 나오는구나."
축구 경기 중계에도 빅 데이터 이야기가 나오자 아라는 아는 이야기가 나와서 눈을 반짝였어요. 공부는 안 한다는 말도 까먹고 텔레비전에서 나오는 말을 열심히 들었지요.
"그럼 운 좋은 쪽이 이기게 되는 거야?"
로봇인 다모아는 축구 같은 운동 경기에는 관심이 없어서 고개를 갸웃거리며 아라에게 물었어요.
"아니야. 빅 데이터로 예전 경기들을 분석했으니까 열심히 연습하고 이길 방법을 많이 궁리한 쪽이 이길 거야."
아라의 말대로 점점 한 팀이 유리하게 경기가 흘러갔어요.
양쪽 팀 선수들의 실력은 서로 비슷했는데, 어째서인지 한
팀이 공을 더 잘 빼앗았지요. 결국에는 그 팀이 이겼답니다.
텔레비전에서는 아나운서가 아직도 땀을 뻘뻘 흘리는
선수에게 이길 수 있었던 비결을 물어봤어요.

"빅 데이터로 상대 팀을 분석했어요. 상대 팀 선수들이 어떤
강점과 약점이 있는지 빅 데이터를 이용해 알 수 있었습니다.
빅 데이터로 예전 경기들을 전부 분석해서 상대 팀을 공략할
방법을 찾아냈죠. 약점을 이용하는 연습에 최선을 다한
덕분에 오늘 이길 수 있었습니다."

아라는 그 말을 듣고 고개를 끄덕였어요.
"선생님이 놀면서도 배울 점을 찾으라고 하신 게 이런
뜻이구나."

6 다모아의 정보를 더 모아 봐

게임 기록을 분석해서 실력을 업그레이드

빅 데이터는 축구, 야구, 달리기, 수영 등 경기를 분석할 때 유용하게 쓰여요. 그중에서도 빅 데이터 영향이 가장 큰 분야는 컴퓨터 게임이에요. 운동 경기와 달리 컴퓨터 게임은 자동으로 기록되어 남기 때문이지요. 아주아주 많은 데이터가 쌓여서 좋은 아이템이 무엇인지, 어떤 캐릭터로 해야 이길 확률이 높은지, 팀을 어떻게 짜야 할지 등 아주 세세한 부분들까지 빅 데이터의 도움을 받을 수 있답니다.

7장

일기 예보에서 미세 먼지가 온대요

"왜 나가면 안 된다는 거야?"
"미세 먼지가 많은 날이라 그렇대."
아라는 밖에 나가 놀고 싶었지만, 오늘은 집에 있을 수밖에 없었어요. 일기 예보에서 미세 먼지가 심한 날이라 되도록 밖으로 나가지 말라고 했으니까요. 학교에서도 선생님이 나가 놀지 말라고 했답니다.
"봐, 미세 먼지가 하나도 없잖아. 일기 예보가 틀린 거 아니야?"
다모아가 창밖을 보니 아라 말대로 하늘이 깨끗해 보였어요. 게다가 덥지도 춥지도 않아 나가서 놀기 딱 좋은 날씨였지요.
"그럼 선생님께 물어보지 않을래?"
"그러자!"
다모아의 말에 아라는 선생님에게 전화를 걸었어요.
"선생님! 지금은 미세 먼지가 없는 것 같아요, 나가서 놀아도 괜찮겠죠?"

아라는 나가서 놀 생각에 기대에 찬 목소리로 물었어요.

"조금만 있으면 미세 먼지가 잔뜩 몰려올 거야. 얼마 전부터 빅 데이터에 대해 열심히 공부하고 있잖니? 일기 예보는 빅 데이터가 가장 많이 쓰이는 곳 중 하나란다. 정확하게 날씨를 예측하기 위해서는 많은 양의 자료를 분석해야 해. 세계 곳곳의 비, 바람, 기압, 미세 먼지와 파도, 구름의 양과 모양 같은 수많은 정보를 모아서 분석해야 날씨를 미리 알 수 있거든. 이건 매우 복잡하고 고려할 점들이 많아서 옛날에는 일기 예보가 틀리기도 했단다. 하지만 이제는 빅 데이터를 이용해 많은 정보를 자세하게 분석해서 날씨를 예측할 수 있게 되었지. 덕분에 일기 예보가 아주 정확해졌어."

"그럼 어쩔 수 없네요……."
아라는 빅 데이터로 분석했다는 이야기를 듣고 선생님 말에 따르기로 했어요. 아니나 다를까, 어느새 하늘이 뿌옇게 변하면서 바깥 풍경이 흐려지기 시작했어요. 먼 곳에서 바람을 타고 온 미세 먼지가 금세 하늘을 뒤덮었답니다.
"이런, 큰일이네. 미세 먼지 같은 환경 오염을 막을 방법은 없나요?"
다모아는 걱정스러운 표정으로 창밖을 바라봤어요. 로봇인 다모아도 환경이 중요하다는 것은 잘 알고 있지요.

"환경 오염을 막으려면 일단 오염이 어디서 시작되는지 알고 보호하려는 노력이 필요해. 어느 지역에 공장이 많은지, 어느 지역에서 쓰레기가 많이 나오는지를 찾아내 문제를 해결해야 하지.
환경 오염이 어디서부터 시작된 건지 알아내는 건 정말 어려운 일이야. 환경 오염은 한번 시작되면 주변으로 계속 퍼져 나가기도 해. 물은 오염되면 흘러가면서 다른 곳들을 오염시키고, 땅이 오염되면 더러워진 흙이 주변으로 퍼져 나가. 동물들이 오염 물질을 먹이와 함께 먹어서 옮기기도 하지. 그래서 오염이 어디서 일어났는지, 어디로 퍼져 나가는지 알아내는 건 쉽지 않아. 하지만 빅 데이터를 이용해 여러 환경 오염 사례들을 분석하면 오염이 어디서 시작되었는지, 어떻게 퍼져 나가는지 자세히 알 수 있어."

"자연환경과 컴퓨터 기술이라니 뭔가 안 어울려요."
다모아는 빅 데이터 같은 디지털 기술이 환경을 지키는 일에도 쓰인다는 사실이 놀라웠어요.
"환경 문제는 앞으로 점점 더 중요해지고 있어. 우리가 생활 속에서 환경을 지키는 방법들을 꾸준히 실천하면서 환경 정책과 연구에 발전된 기술을 잘 활용하면 큰 도움이 된단다."

7 다모아의 정보를 더 모아 봐

환경을 지키는 감시자 역할을 해요

환경 문제를 해결하기 위해 중요한 또 다른 일은 계속해서 관심을 가지는 거예요. 폐수를 정화하고, 공기를 맑게 해 깨끗해졌다 해도 언제든 다시 오염될 수 있기 때문이에요.

사람들이 환경이 깨끗하게 보호되고 있는지 모든 곳을 감시할 수는 없어요. 감시할 곳이 너무 많고 힘들기 때문이에요. 그래서 실시간으로 감시자 역할을 하는 것이 빅 데이터예요.

빅 데이터를 이용하면 직접 가 보지 않아도 오염된 곳과 깨끗한 곳을 구분할 수 있어요. 환경이 오염되었을 때 나타나는 동식물의 변화를 사람보다 빨리 알아낼 수 있기 때문이지요. 빅 데이터가 오염된 지역의 원인과 영향을 밝혀내 빠르게 대책을 세울 수 있어요.

한국수자원공사에서는 빅 데이터를 이용한 환경 관련 서비스를 시민들에게 제공하고 있어요. 환경을 주제로 한 언론 기사를 분석해 '지역별 환경 이슈'를 알려 주거나 '실시간 수질 정보'를 보여 준답니다.

8장

안전한 동네를 만들어요

"무슨 일이야?"
아라와 다모아가 함께 길을 가는데, 앞서가던 다모아가
갑자기 멈춰 섰어요. 아라는 깜짝 놀라 목을 쭉 빼고 앞을
보았지요.
"횡단보도를 만들고 있나 봐."
사람들과 로봇이 모여 공사를 하고 있었어요. 크레인을
이용해 신호등을 세우고, 도로에 하얀색 페인트로
횡단보도를 그리고 있었답니다.
"왜 갑자기 횡단보도를 만드는 거지?"
아라와 다모아가 횡단보도를 만드는 모습을 구경하고 있자
근처에서 교통정리를 하던 경찰관이 다가왔어요.
"얘들아, 공사 중이니까 위험하단. 가까이 오면 안 돼."
"네! 경찰 언니, 왜 여기에 횡단보도를 만드는 거예요?"

"여기에 횡단보도가 필요하다는 사실을 알았거든.

빅 데이터로 사람들이 많이 다니는 길과 교통사고가 자주
나는 곳들을 분석해 보니, 이곳에 횡단보도를 만들면 사고를
예방할 수 있다는 사실을 알아냈어. 근처에 새 아파트가
들어서면서 이 길을 지나다니는 사람들이 많이 늘어났거든.
그래서 횡단보도를 만들면 사고를 줄일 수 있고, 사람들도
안전하게 다닐 수 있지. 자동차도 많이 다니는 곳이니까
횡단보도가 꼭 필요하단다."

"아하! 그럼 공사가 끝날 때까지 어느 길로 가야 해요?"
"따라오렴. 다른 길로 데려다줄게."
아라와 다모아는 경찰관을 따라갔어요. 아라는 이때다 싶어
경찰관에게 궁금한 점을 물어봤어요.
"경찰도 빅 데이터를 써요?"

"그럼! 경찰도 빅 데이터를 이용해 일을 한단다. 아까처럼
교통사고를 줄이는 건 물론이고, 범죄나 싸움이 자주
일어나는 곳도 빅 데이터를 통해 알 수 있어. 그런 곳들은
방범 카메라를 설치하거나 자주 순찰하면서 범죄를 막아.
그뿐만이 아니야. 빅 데이터를 통해 다른 도시와 비교해보면
어떤 골목에서 범죄가 자주 일어나는지, 어떤 위치와 형태의
집에 도둑이 잘 드는지 미리 알 수 있어. 그런 곳들에는
순찰차를 더 많이 두거나 비상벨을 설치해서 범죄가

일어나는 것을 예방하기도 해. 아예 길이나 건물 모양을 바꿔서 범죄가 일어나지 않도록 하는 것도 가능하지. 이게 다 빅 데이터 덕분에 우리가 훨씬 안전하게 지낼 수 있는 거야."

이야기를 들으며 걷다 보니 다모아와 아라는 금방 새로운 길에 도착했어요.
"조심해서 돌아가렴!"
"네!"

8 다모아의 정보를 더 모아 봐

범죄를 분석해서 범인을 찾아내요

빅 데이터는 범인 찾는 일을 돕기도 해요. 여러 증거물과 의심되는 사람의 행동, 과거 기록을 통해 예전에 일어났던 범죄와 비교해서 비슷한 점을 찾아내 범인을 알아내지요.

여러 사람이 얽혀 있는 범죄의 경우 조사할 것들이 매우 많아요. 범죄가 일어난 시간에 어디 있었는지, 증거를 숨기고 있는 건 아닌지, 피해자와 관계가 어떻게 되는지 등을 하나하나 파악해야 해요. 복잡하고 시간이 오래 걸리는 일을 빅 데이터가 도와주지요. 그렇다고 빅 데이터에만 맡기면 억울한 사람이 생길 수도 있어요. 하지만 빅 데이터가 범인을 가려내 지목하면, 그 사람을 자세히 조사해서 더 정확하게 범인인지 아닌지 알아낼 수 있어요. 범인이 아닌 사람들을 조사할 시간을 아낄 수 있어서 더욱 빠르고 확실하게 범인을 잡을 수 있지요.

9장

로봇과 빅 데이터가 사람을 대신하게 될까?

아라는 그동안 빅 데이터에 대해 공부한 내용을 가지고 선생님에게 찾아갔어요. 내일 학교에서 이 내용으로 발표를 하기로 했답니다. 로봇 학교에 다니는 다모아도 오늘은 선생님에게 허락을 맡고 아라의 학교에 갔지요.

"로봇인 저도 잘 몰랐는데, 빅 데이터는 정말 많은 곳에 쓰이네요!"

"맞아. 정말 다양한 곳에서 쓰이고 있어."

다모아는 속 시원하다는 듯 신이 난 목소리로 말했지만, 아라는 더 궁금한 점이 생겼어요.

"빅 데이터와 로봇이 사람보다 잘하는 것도 많은 것 같아요. 나중에는 로봇과 빅 데이터가 사람을 대신할 수도 있나요?"

아라가 물어보자 선생님도 잠시 생각한 후에 대답했어요.

"지금은 빅 데이터의 도움을 받아서 사람들이 많은 일을 하지만, 사람 없이도 빅 데이터와 로봇만으로 할 수 있는

일도 있어. 예를 들어 큰 회사에서 전화를 받는 일은
사람보다 빅 데이터의 도움을 받는 로봇이 훨씬 빠르고
정확하게 할 수 있어. 또 편의점에서 물건을 팔고 값을
계산해 주는 일도 로봇이 쉽게 대신할 수 있지. 이렇게
단순한 일 말고 아주 정확해야 하는 일에도 쓰인단다.
예를 들어 병원에서 병을 진단하거나, 법원에서 재판할 때
빅 데이터가 쓰이지. 사람보다 빠르고 정확할 뿐 아니라,
사람마다 생각이 다를 수 있는 일에 대해서도 아주 공정하게
결정을 내릴 수 있거든.”

선생님의 설명을 듣자 아라는 걱정스러운 표정을 지었어요.
“빅 데이터가 이렇게 많은 일을 할 수 있으면, 사람 없이도
빅 데이터와 로봇만 있으면 뭐든 할 수 있지 않을까요?”
아라는 먼 미래에 사람이 필요 없어지는 게 아닐까 걱정되기
시작했어요. 사람은 빅 데이터보다 실수도 많이 하고
기억력도 좋지 못하고, 로봇보다 힘도 약하니까요.
“무슨 소리니? 그럴 리 없어.”
“정말 그럴까?”
다모아가 고개를 저었지만, 아라는 걱정이 사라지지
않았어요. 선생님도 아라 말이 틀렸다고는 하지 않았지요.

“그럴 수도 있단다. 하지만 사람이 할 일이 없어지지는 않을

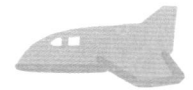

거야. 빅 데이터는 큰 약점이 있기 때문이란다. 모든 일을 과거의 내용을 바탕으로 판단해. 그래서 새로운 일이나 기록에 없는 일이 벌어지면 빅 데이터는 제 역할을 하지 못한단다. 반대로 사람은 예상치 못한 일이 일어나도 스스로 생각하고 판단할 수 있지. 빅 데이터와 사람 모두 장단점이 있는 거야. 그러니 빅 데이터가 사람이 하는 일을 모두 대신하지는 않을 거란다.

오히려 빅 데이터와 사람이 협력해서 더 좋은 결과를 내게 될 거야. 빅 데이터가 먼저 필요한 자료를 잘 분리해 놓고, 사람이 그걸 바탕으로 판단하면 훨씬 빠르고 정확해지지."

"맞아. 너와 나처럼."
다모아가 아라를 보고 말하자 아라도 활짝 웃었어요.
"그렇구나! 빅 데이터와 사람은 서로 경쟁하는 게 아니니까. 협력하면 훨씬 좋은 세상을 만들 수 있어!"
"아라가 정말 공부를 많이 했구나. 그럼 내일 발표 잘할 수 있겠지?"
"네!"
아라와 다모아가 함께 큰 소리로 대답했어요.

9 다모아의 정보를 더 모아 봐

로봇과 빅 데이터 때문에 사람들이 직업을 잃게 될까?

실제로 로봇과 빅 데이터 때문에 많은 사람이 직업을 잃을 것으로 생각하는 사람들이 많이 있어요. 그런 사람 중 일부는 아예 빅 데이터를 사용하지 말아야 한다고 주장하지요.

빅 데이터가 사람을 대신할 수는 없어요. 아무리 빅 데이터가 대신할 수 있는 일이라도 사람이 함께해야 하지요. 빅 데이터는 스스로 실수를 고치는 능력이 없기 때문이에요. 빅 데이터의 능력은 사람의 스스로 판단하는 능력이 함께해야 진짜 힘을 발휘할 수 있답니다. 몇 가지 직업이 없어지기는 하겠지만 빅 데이터를 다루는 새로운 직업들도 많이 생겨날 거예요. 그 덕분에 더욱 많은 사람이 풍요롭게 살게 될 거예요.

10장

우리 손에 달린 빅 데이터의 미래

"이렇게 빅 데이터는 우리 생활에 아주 큰 영향을 끼치고 있어요."
아라와 다모아는 그동안 빅 데이터에 대해 공부한 내용을 정리해 발표했어요. 교실에 커다란 화면을 띄워 놓고 선생님 대신 교탁에서 빅 데이터에 관해 설명했지요. 그동안 열심히 공부한 덕분에 아라와 다모아는 빅 데이터가 무엇인지, 어떻게 쓰이는지 잘 설명할 수 있었답니다.

"빅 데이터가 이렇게 많은 곳에 쓰이면서 우리 삶은 아주 크게 바뀌었어요. 하지만 그중 가장 중요한 것은 직접 알아내기 힘든 우리 삶의 자세한 부분들을 알게 된 점이에요. 누구를 만나는지, 어디를 가는지, 무엇을 먹는지, 우리가 알지 못한 문제는 무엇인지 빅 데이터가 밝혀내요. 깜빡해서 놓친 부분이나 너무 복잡해서 고려하기 힘든 부분을 족집게처럼 쏙쏙 잡아내 주지요. 복잡한 우리 생활을 알기 쉽게 글자와 숫자로 표현해 주는 것이 빅 데이터의 역할이에요. 그것을 어떻게 활용하는지는 우리 손에 달려 있어요."

아라가 말을 마치자 아라와 다모아의 발표를 듣던 친구들이 손뼉을 쳤어요. 아라는 발표를 무사히 마쳐서 활짝 웃었답니다.
"그럼 빅 데이터를 더 많이 써야겠네!"

"그렇게 좋은데 왜 모든 곳에서 다 빅 데이터를 쓰지 않아?"
"그것도 다 이유가 있어요. 빅 데이터가 무조건 많이
쓰일수록 좋은 건 아니거든요."
어려운 질문이었지만 아라와 다모아는 예상 질문과 답변을
준비한 대로 당황하지 않고 말을 이어갔어요. 아라 대신
다모아가 나서서 대답했어요.

"빅 데이터도 몇 가지 문제점이 있어요. 빅 데이터는
우리도 몰랐던 생활 속 작은 부분들까지 알려 주지만, 개인

정보를 다른 사람도 알 수 있다는 문제점이 있지요. 우리가 어디를 갔는지, 무얼 먹는지, 누구와 만나는지 빅 데이터를 통해 모르는 사람에게 흘러 들어갈지도 모른다는 거예요. 누군가에게 종일 감시당하는 것처럼 무서운 일이죠.
또 다른 문제점은 설명이 없다는 거예요. 빅 데이터를 이용하면 문제의 답은 금방 나오지만, 그 답이 왜 나왔는지 가르쳐 주지 않아요. 그래서 빅 데이터에만 의존하면 스스로 생각할 능력을 잃어버리고 말아요. 빅 데이터에 물어보지 않으면 아무것도 못 하게 될지도 몰라요."

다모아가 차분히 설명해 주자 다들 고개를 끄덕였어요.
그 모습을 보며 아라가 말을 덧붙였어요.
"그런 일을 막기 위해 우리가 빅 데이터에 대해 잘 알고, 계속 공부해서 문제점을 해결해야 해!"

호기심톡 스토리과학

우리 집에 미래 로봇이 왔다!
안성훈 글 | **문보경** 그림 | 128쪽 | 12,000원

2120년 미래 로봇 로로가 연구실 폭발 사고로 시간을 뛰어넘어 2020년의 지우를 만나 우리 삶에 깊숙이 들어온 인공 지능과 로봇에 대해 알려 줍니다.

이상한 우주의 앨리스
김수주·조인하 글 | **심보영** 그림 | 97쪽 | 12,000원

우주 우편배달부 흰 토끼와 앨리스가 우주를 돌아다니며 태양계, 은하, 성운, 성단, 블랙홀 등 다양한 천체들의 신비로운 모습을 살펴봅니다.

내 몸이 왜 이럴까? 도와줘요, 테라피!
김수주·조인하 글 | **김주리** 그림 | 91쪽 | 12,000원

인체 멘토 요정 테라피의 도움으로 자신의 몸 안으로 들어가게 된 '건강초등학교 3대 약골' 허약한과 함께 우리 몸속 기관을 구석구석 탐험해요.